EN L'HONNEUR

DES

... À LA COUR D'APPEL

DE PARIS

...TS POUR LA PATRIE

PARIS

Pour l'Ordre des Avocats à la Cour d'appel

1917

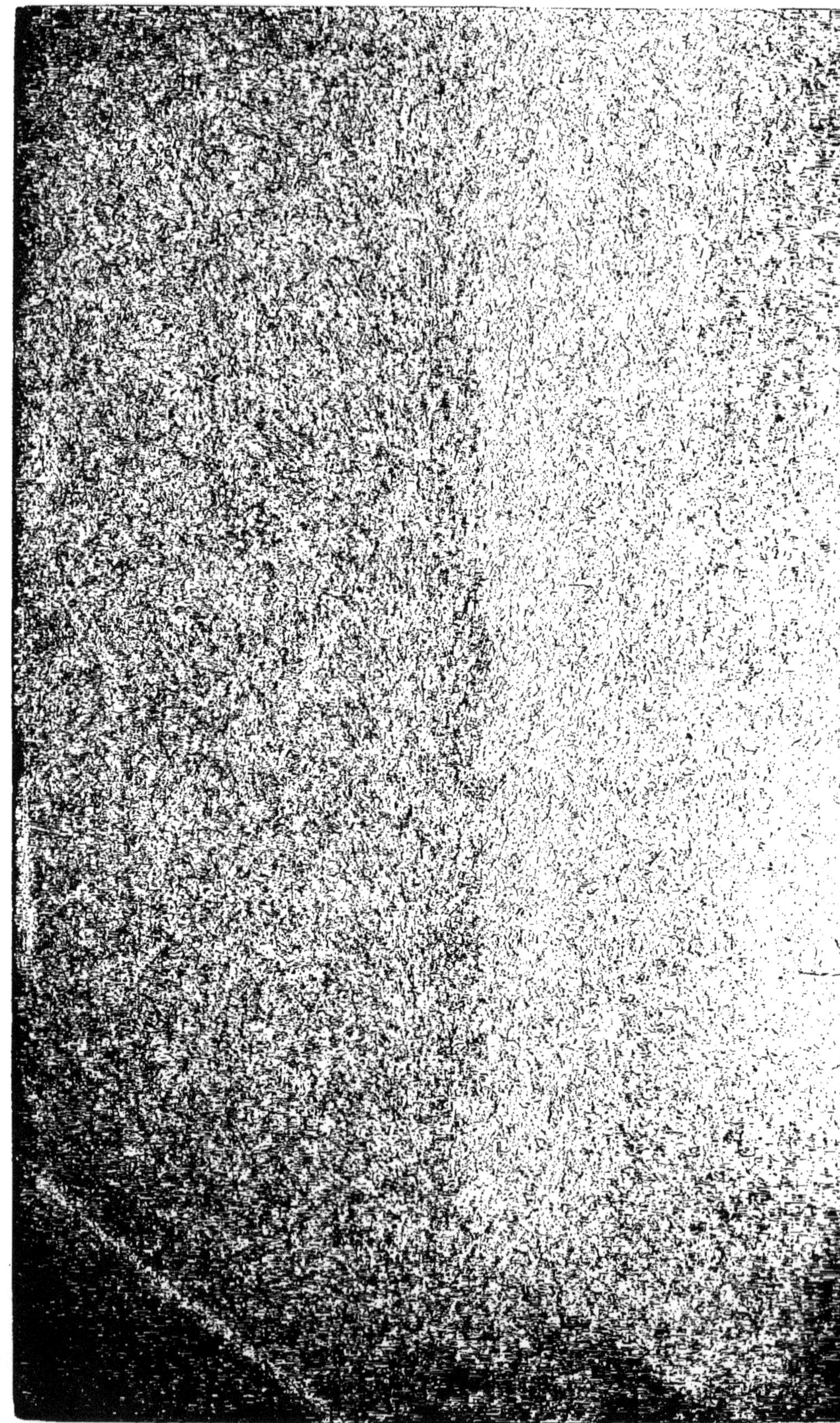

28 OCT

A LA BIBLIOTH

HE 1916
IUE DE L'ORDRE

EN L'HONNEUR

DES

AVOCATS A LA COUR D'APPEL

DE PARIS

MORTS POUR LA PATRIE

PARIS

Pour l'Ordre des Avocats à la Cour d'appel

—

1917

NOMS

DES

AVOCATS A LA COUR D'APPEL

MORTS AU CHAMP D'HONNEUR

L'Ordre des avocats à la Cour d'appel de Paris n'a pas voulu attendre la fin des hostilités pour rendre un pieux hommage à la mémoire de ceux de ses membres qui, au nombre de cent vingt-quatre, étaient tombés glorieusement pour la Patrie.

Voici les noms et l'âge de ces héros :

Abel Gendarme de Bévotte, 23 ans.

Jacques Mimerel, 29 ans.

Robert Lévy-Fleur, 28 ans.

Prosper Bourguignon, 35 ans.

Jacques Denis, 29 ans.

Roger Simon-Barboux, 26 ans.

Pierre Duché de Bricourt, 34 ans.

Marcel Charbonneaux, 38 ans.

1

Jean Bénac, 23 ans.

Henri Corgeron, 33 ans.

Oscar Kiefe, 29 ans.

Paul Proust, 32 ans.

André Bonnet, 32 ans.

Jacques Marlio, 28 ans.

Pierre Ginisty, 30 ans.

Alain Garnier, 37 ans.

Marcel Defrénois, 26 ans.

Jules Floury, 28 ans.

Marcel Depincé, 21 ans.

Jacques Desvouges, 26 ans.

Paul Gilbrin, 23 ans.

Léon Brau, 39 ans.

Fernand Chatin, 37 ans.

André Le Brun, 39 ans.

Félix Chautemps, 38 ans.

Jacques Silhol, 31 ans.

Étienne Leduc, 31 ans.

Georges Félizet, 35 ans.

Georges Chaigne, 28 ans.

Paul Boudier, 26 ans.

René Cahen, 26 ans.

Charles Rosset, 43 ans.

Jean Gouy, 29 ans.

Jean de Ramel, 35 ans.

Robert Boisseau, 23 ans.

André Leemans, 30 ans.

Jean Pluyette, 24 ans.

Pierre Colle, 27 ans.

Hector Bezançon, 36 ans.

Pierre Salva, 40 ans.

Philippe Régnier, 55 ans.

Jacques Expert-Bezançon, 34 ans.

René Paillard, 24 ans.

Richard de Burgue, 31 ans.

Pierre Deroo, 22 ans.

Eugène Nolent, 38 ans.

Henri Andreis, 24 ans.

Alphonse Benvenisti, 35 ans.

Marcel Royer, 37 ans.

Jean Conquet, 24 ans.

René Patey, 37 ans.

Louis Adelphe, 35 ans.

Maurice Jubineau, 25 ans.

René Flament, 36 ans.

André Féron, 23 ans.

Ferdinand Oudoul, 26 ans.

Jacques Delpy, 29 ans.

Pierre Surreaux, 28 ans.

Marcel Oudot, 33 ans.

Victor Scheikévitch, 29 ans.

Maurice Bourguignon, 31 ans.

Louis Helbronner, 38 ans.

Raymond Mathely, 29 ans.

Albert Vallin, 47 ans.

Jean Ledreux, 38 ans.

Pierre Regnault, 37 ans.

Jean Lelong, 30 ans.

Michel Arboux, 25 ans.

Serge Port, 26 ans.

Maurice Bizet, 29 ans.

André Dubief, 24 ans.

Jules Glatigny, 27 ans.

Jacques Barth, 27 ans.

Michel Gaubil, 33 ans.

Robert Lowys, 37 ans.

André Blachère, 29 ans.

Georges Clément, 34 ans.

Noel Trouvé, 28 ans.

Auguste Boyer, 32 ans.

Hippolyte Reverdy, 47 ans.

Maurice Ernst, 25 ans.

Jacques Bernet-Rollande, 36 ans.

Claude Couprie, 35 ans.

Henri Durieux, 30 ans.

Jacques Sabatier, 32 ans.

Robert Vignon, 38 ans.

Édouard Maupoint, 29 ans.

Joseph Marheu, 28 ans.

Thierry de Lambel, 22 ans.

Désiré Gurnaud, 31 ans.

Louis Christophe Henriot, 30 ans.

Vital Arrepaux, 37 ans.

Jacques d'Armau de Pouydraguin, 23 ans.

André May, 29 ans.

Paul Viven, 34 ans.

Robert Dubarle, 34 ans.

Pierre Moride, 32 ans.

Jacques Merli, 27 ans.

Noel Araud, 22 ans.

Oscar Frank, 32 ans.

Albert Émile Dubois, 27 ans.

Henri-Thomas Falateuf, 27 ans.

Eugène Cayla, 23 ans.

Maurice Langlade, 32 ans.

Jean Schneyder, 32 ans.
Robert Brisset, 30 ans.
Henri Millevoye, 34 ans.
Adrien Morizot-Thibault, 27 ans.
Jean Saleilles, 25 ans.
Gaston Blin, 25 ans.
Robert Davrillé des Essards, 28 ans.
Gabriel Le Ber, 35 ans.
Charles Thiébaut, 35 ans.
Albert Bugaud, 25 ans.
Maurice Guillaumat-Vallet, 27 ans.
Roger Allier, 24 ans.
Georges Ficquenet, 27 ans.
Jean Juster, 34 ans.
Joseph Gosse, 23 ans.
Jules Parry, 29 ans.
Edmond Paulus, 25 ans.
Gaston Landriau, 27 ans.
Robert Demoulin, 29 ans.
Georges Couture, 24 ans.

Pour honorer leur mémoire, par les soins du Bâtonnier de l'Ordre, M. Henri Robert, quatre cérémonies ont été instituées.

Elles ont été célébrées :

La première, le lundi 22 mai 1916, à la Sainte-Chapelle.

La seconde, le mercredi 24 mai, au temple protestant de l'Oratoire.

La troisième, le lundi 29 mai, au temple israélite de la rue de la Victoire.

La quatrième, le samedi 28 octobre, au Palais de justice.

M. Raymond Poincaré, Président de la République française, demeuré inscrit au Tableau de l'Ordre, a bien voulu honorer ces réunions de sa présence.

Il était accompagné de Mme Poincaré.

A ces cérémonies avaient été conviés :

En premier lieu les familles des avocats tombés au champ d'honneur.

Puis :

M. LE PRÉSIDENT DE LA RÉPUBLIQUE, précédé de M. WILLIAM MARTIN, directeur du protocole, et accompagné de M. le Général DUPARGE et de M. OLIVIER SAINSÈRE, secrétaires généraux de la Présidence.

Mme POINCARÉ.

MM.

Aristide Briand, président du Conseil.

Viviani, ministre de la Justice.

Le Ministre de la Guerre.

Le Ministre de la Marine.

Le Bâtonnier Brunet, député de Charleroi.

Le Gouverneur militaire de Paris.

Baudouin, premier président de la Cour de cassation.

Ballot-Beaupré, premier président honoraire de la Cour de cassation.

Falcimaigne, président à la Cour de cassation.

Bard, président à la Cour de cassation.

Sarrut, procureur général près la Cour de cassation.

Ditte, conseiller à la Cour de cassation.

Mornard, président de l'Ordre des avocats à la Cour de cassation.

Jouarre, de Valroger, Regray, Raynal, Clément, Boulard de Lalande, Frénoy, membres du Conseil de l'Ordre des avocats à la Cour de cassation.

Marguerie, vice-président du Conseil d'État.

Payelle, premier président de la Cour des comptes.

MM.

BLOCH, procureur général près la Cour des comptes.

MONIER, premier président de la Cour d'appel.

LEFEBVRE DE VIEFVILLE, BERR, premiers présidents honoraires de la Cour d'appel.

SAINT-AUBIN, COUROT, BIDAULT DE L'ISLE, BÉDOREZ, PLANTEAU, DURAND, ROULLEAU, DE VALLES, FABRE, présidents de la Cour d'appel.

HERBAUX, procureur général près la Cour d'appel.

TROUARD-RIOLLE, FOURNIER, FRÉMONT, ROME, SIBEN, MAXWELL, avocats généraux, DE CASABIANCA, substitut, WENDLING, FOSSÉ D'ARCOSSE, conseillers.

SERVIN, président du Tribunal.

LESCOUVÉ, procureur de la République.

FLORY, HUGOT, ANCELLE, DU PUY, CHOUMERT, PACTON, BRICOUT, HUET, D'ALBIGNAC, CHESNEY, GARREAU, RUMCKHOFF, vice-présidents du Tribunal, DE BROSSARD-MARSILLAC, doyen des juges au Tribunal, CAILL, doyen des juges d'instruction, BONJEAN, juge, GRANDJEAN, doyen des substituts.

MM.

Les Présidents et Commissaires du gouvernement du Conseil de révision et des Conseils de guerre.

PETIT, président du Tribunal de commerce.

GRUNBAUM-BALLIN, président du Conseil de préfecture.

BECKER, doyen des juges de paix.

DALLERET, président de la Chambre des avoués à la Cour.

BERTON, président de la Chambre des avoués au Tribunal.

MASSIN, président de la Chambre des agréés.

COURCIER, président de la Chambre des notaires.

BAITRY, syndic de la Chambre des huissiers.

LEMOINE, président de la Chambre des commissaires-priseurs.

PIERROT-DESEILLIGNY, syndic des agents de change.

MITHOUARD, président du Conseil municipal.

LE PRÉSIDENT DU CONSEIL GÉNÉRAL.

LE PRÉFET DE LA SEINE.

LE PRÉFET DE POLICE.

PALLAIN, gouverneur de la Banque de France.

MOREL, gouverneur du Crédit foncier de France.

LARNAUDE, doyen de l'École de droit.

MM.

GRIOLET, président de l'Association des anciens secrétaires de la Conférence.

Le comte D'HAUSSONVILLE, de l'Académie française, ancien président de l'Association des anciens secrétaires de la Conférence.

ÉTIENNE LAMY, secrétaire perpétuel de l'Académie française, ancien secrétaire de la Conférence des avocats.

GAUT, président des liquidateurs de Sociétés.

MÉNAGE, président des administrateurs judiciaires.

DOYEN, président des experts judiciaires.

LOT, greffier en chef de la Cour d'appel.

DELORME, greffier en chef du Tribunal civil.

GLANDAZ, greffier en chef du Tribunal de commerce.

Le colonel BRODY, commandant la Légion de la Garde républicaine.

SCHERDLIN, chef du bureau de la Justice militaire du Gouvernement militaire de Paris.

TOURNAIRE, architecte du Palais.

MOUTON, directeur de la Police judiciaire.

LE COMMANDANT DES GARDES DU PALAIS.

Les quatre cérémonies se sont déroulées dans l'ordre ci-après indiqué.

PREMIÈRE CÉRÉMONIE

Elle a été célébrée en la Sainte-Chapelle le 22 mai 1916.

Discours de S. E. le cardinal AMETTE,
archevêque de Paris.

Monsieur le Président de la République,
Monsieur le Batonnier,
Messieurs,

Vous avez voulu rendre un pieux hommage aux membres du Barreau de Paris tombés au champ d'honneur depuis le début de la guerre pour la défense de la patrie, et, afin que cet hommage fût, tout ensemble, plus familial et plus digne de vous, vous avez souhaité de le leur rendre dans l'enceinte même du Palais, théâtre de vos travaux, dans cette Sainte-Chapelle, chef-d'œuvre splendide de l'art et de la religion.

Je remercie, pour ma part, les pouvoirs publics d'avoir déféré à votre désir et laissé se rouvrir à la prière ce sanctuaire auguste. Il a été élevé par un saint roi dont l'histoire proclame qu'il fut brave dans la guerre autant que juste dans la paix. Quel autre lieu pouvait mieux convenir pour honorer la gloire de ceux des vôtres qui ont versé leur sang sur le champ de bataille pour la plus juste des causes?

En embrassant votre noble profession, ils avaient voulu consacrer leur vie à la défense de la justice; ils rêvaient d'en être les champions dans les luttes du prétoire, ils ambitionnaient de prendre rang parmi ces maîtres de la parole dont s'honore le Barreau de la capitale.

Soudain, la France les a appelés aux armes. C'était encore la justice qui réclamait leurs services, car il s'agissait de repousser la plus inique des agressions, de défendre contre l'invasion redoutable d'une barbarie nouvelle, avec l'intégrité et l'indépendance de notre pays, la civilisation chrétienne et la liberté du monde.

Ce n'était plus l'heure de la parole, mais celle de l'action, du dévouement, du sacrifice. Vos confrères y ont couru, les uns avec toute l'ardeur de leur jeunesse, les autres avec le ferme courage de leur maturité. On les a vus donner l'exemple de la plus haute valeur morale, de l'élan, de l'énergie, de l'entrain et du sang-froid, de la bravoure et de l'intrépidité; de l'oubli de soi pour autrui et de l'abnégation à toute épreuve. Ce sont les termes mêmes des citations qui ont porté leurs noms à l'ordre du jour des armées.

Pour cent quatre victimes (1) qui figurent dans les pages de votre martyrologe, on compte soixante de ces citations, avec celles qu'ont méritées ceux d'entre vous que la mort a épargnés. Elles resteront, Messieurs, l'honneur de votre Ordre. Vous les inscrirez en lettres d'or dans vos annales.

Mais ce serait trop peu que les noms et les hauts faits de vos héros restent gravés dans la mémoire des hommes; ils le sont dans la mémoire de Dieu et leur sang répandu plaide éloquemment pour la cause de la France et pour la leur.

La cause de la France, c'est pour la faire triompher qu'ils ont combattu, qu'ils ont souffert et qu'ils sont morts.

« O mon Dieu, écrivait l'un de vous, je remets ma vie entre vos mains; j'en ai fait le sacrifice à mon pays; c'est à vous qu'il appartient de l'abréger ou de la prolonger. Je ne vous dis pas : « Protégez-« moi » ; je vous dis : « Que votre volonté soit faite. »

Un autre qui venait d'être frappé à mort : « Je ne

(1) Tel était le nombre des avocats tombés au champ d'honneur, à la date où ce discours a été prononcé.

regrette rien, disait-il, puisque je meurs pour mon pays. »

Un autre encore : « Je suis perdu, mais qu'importe si nous avons la victoire ! »

Nous aurons, Messieurs, cette victoire, nous en avons la confiance de plus en plus ferme. Nous la devrons sans doute à l'habileté de nos généraux, à l'héroïsme de nos soldats, à la puissance de nos armes, au concours de nos alliés et à cette Union sacrée dont vous avez, Monsieur le Président, donné le signal dès la première heure, et qui rassemble parmi nous tous les esprits, toutes les volontés, tous les cœurs, toutes les ressources dans un immense effort contre l'ennemi commun.

Mais il y a une force supérieure à toutes ces forces humaines, dont le secours est nécessaire pour donner à celles-ci leur pleine efficacité. C'est la force de Celui qui reste le maître suprême de toutes choses, l'arbitre souverain des destinées des peuples comme de celles des individus.

Or, de même que l'immolation du Christ Jésus a opéré le salut du monde, il y a, dans le sacrifice des victimes généreuses s'immolant pour une noble cause, une vertu toute-puissante qui incline vers cette cause la force divine et en assure le triomphe.

Voilà pourquoi, lorsque au jour de la victoire,

nous acclamerons ceux qui reviendront vivants de tant de formidables batailles, nos acclamations et nos actions de grâces monteront aussi vers vous, ô glorieux disparus, qui aurez non seulement préparé par votre bravoure, mais acheté par votre mort, le triomphe de la Patrie!

Ils ne seront plus là pour jouir de ce triomphe, nos chers morts. Seront-ils donc privés de la récompense personnelle due à leur sacrifice? La pensée serait trop cruelle pour vos cœurs, ô mères, ô épouses, ô sœurs, ô fiancées qui les pleurez, et ce serait faire injure à cette justice infinie sans la récompense de laquelle le monde ne serait qu'une barbare énigme et un odieux scandale.

Grâce à Dieu, nous avons une foi plus consolante et de meilleures espérances. D'accord en cela avec les esprits les plus éclairés, comme avec les âmes simples et droites de tous les temps, nous croyons qu'après cette courte vie il y en a une autre, impérissable, où l'homme recueille le fruit des actes accomplis en celle-ci. Au seuil de cette existence nouvelle, il se trouve face à face avec son auteur qui devient son juge, devant ce juge à qui personne ni rien n'échappe. La conscience du justiciable est tout ensemble son témoin, son accusateur et son avocat.

Ils ont paru à ce tribunal suprême, nos chers

morts, à l'heure où, frappés par la balle meurtrière ou l'éclat d'obus, ils exhalaient leur dernier souffle.

Ah ! peut-être, quelles que fussent les vertus de leur vie, s'y était-il mêlé quelques-unes de ces faiblesses, de ces fautes dont les meilleurs ne sont pas exempts ; mais en regard de ces fautes, qui eussent pu appeler une sanction rigoureuse, quelle éloquente plaidoirie s'élevait, en leur faveur, de leurs souffrances et de leur sang ! Dieu, dont la bonté est infinie comme la justice, Dieu, nous n'en pouvons douter, a entendu cette voix, nous en avons la confiance, et Il y a répondu, s'il en était besoin, avant le dernier soupir, par une grâce de repentir et de pardon. Et à ces âmes héroïques, ainsi purifiées, il a réservé la couronne de gloire et de félicité sans fin.

Que si, pour plusieurs d'entre eux, quelque reste d'expiation à subir retardait encore cette couronne, nos prières vont hâter l'heure où ils la recevront. Puissent-ils tous être introduits au plus tôt dans la société des saints de France, de saint Louis et de Jeanne d'Arc ! Puissent-ils, par leur intercession, hâter à leur tour, pour la patrie, l'heure de la victoire définitive et de la paix !

Ainsi soit-il !

DEUXIÈME CÉRÉMONIE

Elle a été célébrée le 24 mai 1916 au Temple protestant de l'Oratoire.

*Discours de M. le pasteur J.-E. ROBERTY,
président du Conseil presbytéral de l'Oratoire.*

Grâces soient rendues à Dieu Notre Père et à Jésus-Christ Notre Sauveur « qui a mis en évidence la vie et l'immortalité par l'Évangile » . *Amen.*

Monsieur le Président de la République,

Monsieur le Batonnier,

Frères et Sœurs en Jésus-Christ,

Nous sommes réunis dans cette église pour rendre un suprême hommage aux cent six membres de l'Ordre des avocats à la Cour d'appel de Paris, morts pour la Patrie (1).

Assemblés avant-hier dans la Sainte-Chapelle,

(1) Tel était le nombre des avocats tombés au champ d'honneur à la date où ce discours fut prononcé.

aujourd'hui dans ce temple, lundi prochain à la synagogue, c'est une haute pensée de fraternité française, et chrétienne aussi, et profondément humaine, qui vous a inspirés, afin que vos douleurs et vos deuils s'unissent à travers les différences des rites et que vos âmes demeurent fermes et restent debout, comme des armes de différents modèles qui ne parviennent à se soutenir mutuellement qu'assemblées en de puissants faisceaux.

Nous nous plaçons en esprit devant les tombes de ces hommes vaillants dont la mort a contribué au salut de la Patrie. Ces tombes sont éparses dans les Flandres, dans l'Artois, en Champagne, dans la forêt de l'Argonne, autour de Verdun, en Lorraine, dans les Vosges. Vous n'avez pu encore, frères et sœurs affligés, aller prier sur elles, et le souffle de la mort plus anonyme que jamais, à peine imaginable, a passé sur vos esprits. Les avoir quittés si frémissants de vie, vos bien-aimés, avoir reçu leurs lettres, puis la dernière, puis le silence, l'angoisse ; ne pas les avoir vus tomber, ne pas savoir exactement où ils reposent, n'avoir pu leur donner un dernier baiser, et en même temps être sûrs que leurs yeux sont clos pour toujours, que leur voix ne résonnera plus, qu'ils ne reviendront plus jamais..., quel raffinement dans la douleur et j'allais presque dire dans la majesté cruelle de la mort!

Mais vous savez aussi que leur mort n'a pas été un accident vulgaire comme s'ils eussent péri de maladie, comme s'ils eussent été tués durant les jours de leur vie civile; au-dessus de leurs souffrances et de leurs agonies s'est dressé un idéal magnifique, celui de la Patrie, et de quelle Patrie! De la France idéaliste et pathétique, celle des Droits de l'homme et de la liberté des peuples, la France des Croisades et de la Révolution — c'est la même — oui, cet idéal splendide de notre pays, plus vivant aujourd'hui, plus clair, mieux réalisé que jamais, auquel s'entremêlaient, avec une tendresse infinie les noms de leurs pères et de leurs mères, de tous ceux qui leur étaient chers, c'est cet idéal qui a illuminé leur dernier regard, c'est à lui qu'ils ont sacrifié leur vie. Ils ont donc donné à leur mort un sens voulu et réfléchi, une signification d'une portée universelle qui doit remplir vos cœurs d'une juste fierté et les faire bondir d'espérance en l'avenir immortel de la France, puisqu'elle a, et en un si grand nombre, des fils comme ceux-là.

Ah! si je pouvais rappeler ici quelques traits de leur caractère, de leurs rêves les plus chers, de tout ce travail de volonté et de pensée, de dévouement à la cause de la Justice et du Droit, qui fut leur travail d'avant la guerre, et qui, dans les armées, face à l'ennemi, continua sous une forme héroïque et se mit à fleurir tragiquement dans ces soixante citations à l'ordre du jour, dans ces croix de la Légion d'honneur et ces médailles militaires qui honorent si grandement le Barreau de Paris. Je note simplement quelques lignes de leurs dernières lettres, quelques paroles prononcées au moment de mourir, toujours si simples d'ailleurs, si dénuées de vanité et d'apparat, paroles presque banales, mais d'une banalité qui les enveloppe d'un vif éclat quand on songe à l'heure et au lieu où elles furent écrites ou prononcées. L'un s'écrie : « Serai-je à la hauteur de ma mission de Français? » Un autre : « Mon colonel, envoyez-moi à une attaque! » Un autre : « Je ne regrette rien, je suis heureux de mourir pour mon pays. »

Dites, messieurs, quelles espérances — quand on songe aux doutes qui nous venaient parfois avant la guerre, sur l'énergie et le sérieux moral de notre peuple — fait naître une race qui compte par milliers des esprits et des cœurs de cette qualité.

Mais voici notre suprême espoir.

Certes il est réconfortant de penser à tant d'héroïsme et de simplicité, à tant de sacrifices dont le souvenir entretiendra d'âge en âge, dans le cœur de nos descendants, le feu du devoir et l'amour de la liberté. Mais, si ceux qui ont péri dans cette catastrophe sont morts pour toujours, entraînant avec l'anéantissement de leur personnalité, l'anéantissement inévitable de l'humanité totale, demain ou dans vingt mille ans, quand ce globe qui nous porte roulera dans les cieux glacés sa masse défigurée, oh! alors un glaive nous perce le cœur!... Les plus radieuses espérances en l'avenir terrestre de la France se flétrissent... tout le reste nous devient presque égal...

Oui, nous pavoiserons tous quand, à l'heure fixée par Dieu, nos armées victorieuses passeront sous l'arc de triomphe avec leurs régiments aux uniformes bleus pâlis par la bataille et — vous connaissez les familles françaises — ce ne seront pas les plus décimées par la guerre qui se montreront les moins empressées à couvrir leurs fenêtres de drapeaux... ; mais, si nous ne devions jamais revoir ceux qui ne seront pas de cette fête, dont les chers visages reposent dans la terre ensanglantée, oh! alors, je le dis comme je le pense, la Patrie, l'Humanité, le Droit, le Devoir, l'Évangile, Dieu Lui-même ne seraient plus que des mots, des mots, des mots!... Que le vent les emporte et qu'on ne les prononce plus!...

Je ne veux pas me laisser aller, en ce moment, à
des dissertations plus ou moins savantes sur l'Immortalité — bien que mon cœur se serre à la pensée
d'un si grand nombre qui doutent encore — mais
je veux laisser, comme l'Évangile m'y invite, au
fond de votre pensée, cette parole de saint Paul,
vraiment terrible, quand on la comprend, qui ose
lier la destinée du Saint et du Juste à celle de tous
ses frères pécheurs, et s'écrie : *Si les morts ne ressus-
citent pas, le Christ non plus n'est pas ressuscité*, c'est-
à-dire, si les morts ne revivent pas et ne sont pas
immortels, Jésus non plus ne revit pas et n'est pas
immortel, et alors notre amour et notre culte ne
s'adressent qu'à des fantômes, « notre foi est vaine »,
et un jour, demain ou dans vingt mille ans, des
drames grandioses de l'humanité, il ne restera rien
qu'un peu de matière inerte tournoyant dans l'es-
pace. Tous les trésors de tendresse, d'obéissance,
de fidélité, d'héroïsme seront perdus pour jamais,
comme les débris des navires torpillés dans l'abîme
des mers ; la sainteté n'aura été qu'un agencement
passager, assez curieux d'ailleurs, de nerfs et de
sang, et l'Évangile de la croix qu'une comédie jouée
par une ombre...

Ah ! quand je pense que rien, absolument rien,
ni dans la raison ni dans la science, ne s'oppose à

ce que nous concevions la survivance de nos bien-
aimés, j'ose dire que c'est un crime d'étouffer la
voix d'un cœur paternel et maternel et le cri de la
conscience, et de ne pas célébrer joyeusement
l'Évangile de la Résurrection, non pas, si vous voulez,
sous son aspect primitif et traditionnel, mais sous
la forme définitive de la victoire de l'Esprit sur la
chair, du Droit sur la force, de la Sainteté sur le
péché, de l'Immortalité de la conscience individuelle
sur les prétentions ridicules de la poussière.

O maîtres de la parole française, morts pour la
Patrie, défenseurs-nés de la Justice, au nom de la
terre, de tout ce qui passe et de ce qui meurt, au
nom des images les plus chères qui pâlissent de
plus en plus avec les années et qui s'effacent, nous
vous disons un éternel adieu.

Mais au nom de Celui que nous apprenons à nos
enfants à ne nommer qu'à genoux, au nom du Père
qui est dans les cieux, au nom du Christ qui jeta
dans nos cœurs sa certitude et sa foi, nous vous
disons au revoir! Au revoir « sur cette nouvelle
terre et sous ces nouveaux cieux où la Justice habi-
tera et où il n'y aura plus ni larmes, ni cris, ni
labeur parce que le mal aura disparu ».

Amen!

TROISIÈME CÉRÉMONIE

Elle a été célébrée au Temple israélite de la rue de la Victoire le 26 mai 1916.

Discours du grand rabbin de Paris,
M. J.-B. DREYFUS

Monsieur le Président de la République,
Monsieur le Batonnier,
Messieurs,

Peut-être est-ce une témérité de ma part de prendre la parole en présence des maîtres de la parole, du bâtonnier et des membres du Conseil de l'Ordre, des sommités du Barreau et de la magistrature, au milieu desquels je me permets de saluer avec un respect profond, un illustre parmi les illustres, l'élu de la nation, le vénéré chef de l'État lui-même. Mais ne suffit-il pas de laisser

parler son cœur pour exprimer sa reconnaissance?
Aussi bien j'ai pour devoir, avant tout, de vous
remercier sincèrement, Maîtres, au nom du Consistoire israélite de Paris, du Consistoire central et en
mon nom, de la noble et touchante pensée que
vous avez eue de venir, dans ce temple, apporter
vos hommages à la mémoire des avocats morts
pour la Patrie, de même que vous êtes allés dans
les temples des autres confessions religieuses.

C'est là un nouvel et éclatant témoignage de
l'union sacrée scellée à jamais, nous l'espérons,
entre les Français ; et l'autorité qui s'attache à
votre haute profession, l'éclat de votre talent et la
situation considérable que vous occupez dans la
société donnent à ce témoignage une valeur pré-
cieuse. Ne suffit-il pas aussi de sentir, et d'être
émus pour pleurer sur les deuils et les ruines et
prier pour les héros qui ont sacrifié leur vie pour le
salut de la Patrie?

Messieurs, bien des fois déjà, hélas! nous avons,
dans ce temple, pleuré et prié pour les morts,
tombés au champ d'honneur, pour tous les morts de
la France, comme pour ceux de nos fidèles et géné-
reux alliés. Mais aujourd'hui notre douleur et nos
regrets s'accompagnent d'une pensée particulièrement attendrissante. Les êtres chers, pour l'âme

desquels nous élevons vers le ciel nos pieuses sup-
plications, sont morts pour la justice et le droit,
après avoir vécu pour la justice et le droit. Leur
destinée fut égale à elle-même dans la vie et dans
la mort. C'est bien à eux que s'applique notre texte,
avec son acception littérale : « La justice, la justice, poursuis-la. » Hélas ! ils l'ont poursuivie jusque
dans la mort !

Mais parlons de leur vie, avant de parler de leur
mort, puisque nous devons les glorifier doublement,
et pour leur mort qui fut héroïque, et pour leur vie
qui fut un sacerdoce.

Maîtres, je ne connais point la formule du ser-
ment que vous avez à prononcer, quand s'ouvre
devant vous les portes de cette corporation qui est
une des gloires les plus pures de la France et dont
l'accès est protégé par l'inflexible loi de l'honneur ;
mais quelle qu'elle puisse être, elle doit se résumer
dans cette phrase lapidaire du *Deutéronome* : « La
justice, la justice, poursuis-la ! »

Mais, s'il est vraisemblable qu'au jour de votre
consécration, cette parole biblique a été prononcée
devant vous, sinon telle qu'elle est, du moins avec
la pensée qu'elle exprime, elle n'était déjà plus nouvelle pour vous. Déjà vous l'aviez recueillie de la
bouche de vos maîtres, quand vous étiez assis sur

les bancs de cette Faculté de droit où retentissent
et se prolongent en écho à travers la France et à
travers le monde, les voix les plus autorisées, les
plus savantes, et en même temps les plus enthou-
siastes en l'honneur de la Loi auguste et équitable.
Et comme elles répondaient bien, alors déjà, ces
voix éloquentes, à la généreuse ardeur de votre
jeunesse, naturellement ouverte, par un don spé-
cial de la Providence, si indulgente et si libérale
aux jeunes, à tout ce qu'il y a de beau, de vrai et
de juste dans le domaine des idées et des faits!
Pour beaucoup d'entre vous, d'ailleurs, les traditions paternelles ou familiales, entretenues par
l'étude et la pratique du droit, venaient corroborer,
par l'exemple domestique, les leçons de vos maîtres.

Et ayant juré fidélité à la règle de la justice, aussitôt dès votre début dans la carrière, vous l'avez
exercée. Qui parmi vous, Maîtres, arrivé à l'apogée
de la renommée, ne se rappelle pas avec émotion
le jour où, pour la première fois, il a revêtu la robe
d'avocat? Comme le prophète Isaïe, il a pu s'écrier :
« Je me réjouis en l'Éternel, mon âme se délecte
en mon Dieu, car il m'a revêtu des vêtements de
salut, il m'a couvert du manteau de la justice (1). »

(1) Is., 61, 10.

Qui parmi vous ne se souvient pas avec attendrissement de la première cause qu'il a plaidée comme stagiaire, quand il lui fut donné d'appliquer pour la première fois, dans la pratique, ce commandement de l'Écriture : « La justice, la justice, poursuis-la » ; quand, servi par la fougue prime-sautière de son éloquence juvénile, il eut la joie ineffable de faire prévaloir le droit, de sauver un innocent, et aussi — car la justice des hommes, comme la justice de Dieu, doit s'allier à la miséricorde — et aussi d'obtenir pour un malheureux égaré l'indulgence des juges? Et, depuis ce jour lointain, dans les causes les plus graves, comme dans les causes les plus petites, chaque fois, certainement, que vous vous êtes présentés à la barre du tribunal, vous vous êtes rappelés — et cette pensée a allumé une flamme de fierté dans vos regards — vous vous êtes rappelés que vous portiez sur vous, selon la parole du prophète, « le manteau de la justice ».

Messieurs, en employant l'expression de « sacerdoce » pour définir la noble mission de ceux qui ont l'honneur d'appartenir au Barreau, je ne parle même pas des efforts admirables accomplis par l'Ordre des avocats de Paris pour apporter sa contribution personnelle au soulagement des infortunes nées de la guerre; je ne rappellerai pas qu'il a ou-

vert ses rangs et offert l'hospitalité la plus large
aux confrères belges, qui jouissent des mêmes pri-
vilèges que ceux qui les ont accueillis ; je ne dirai
rien des consultations gratuites accordées chaque
jour à une foule nombreuse de réfugiés, consultations que donnent sans compter les plus grandes
illustrations du Barreau et les hommes politiques les
plus célèbres ; je ne dirai rien non plus de cette
mobilisation touchante des anciens et des plus émi-
nents parmi les avocats qui ont tenu à remplir eux-
mêmes les emplois d'office confiés d'ordinaire aux
jeunes, presque tous aux armées.

Mais, si j'ai justement appelé « un sacerdoce »
l'œuvre accomplie par les membres du Barreau, s'ils
sont dignes, au plus haut degré, d'être loués dans
la maison de Dieu, dont ils sont, en quelque sorte,
les associés, que dire de ceux d'entre eux, jeunes
gens et hommes d'âge mûr — leur nombre s'élève
déjà, hélas ! au chiffre de 106 — qui, stoïquement,
héroïquement, sont tombés au champ d'honneur ?
Quelle louange est assez belle pour être digne
d'eux ?

O vous, dont nous commémorons aujourd'hui, par
nos larmes et par nos prières, le souvenir inoubliable,
soyez bénis et glorifiés — je l'ai dit en commen-
çant — soyez doublement bénis, et pour la ferveur

de votre attachement à vos obligations professionnelles durant votre vie, trop courte, hélas! et pour
votre mort héroïque au service de la Patrie. Vous
n'avez pas voulu vous contenter d'être les soldats
du droit; vous vouliez être aussi les soldats de la
France, partager les périls, les périls et aussi la
gloire de vos frères d'armes, combattre comme eux
et mourir comme eux. Peut-être, que dis-je? Certainement, en ces temps tragiques où tous les Français, à l'exemple de nos armées, sous une forme ou
sous une autre, rivalisent de dévouement, d'abnégation, de science et de labeur, non seulement pour
rendre notre pays invincible, mais encore pour
amasser entre ses mains tous les moyens capables
de forcer la victoire, certainement la Patrie aurait
pu employer ailleurs, et avec profit, vos talents et
vos services. Mais non! après avoir déposé, jus-
qu'au jour de la victoire, votre robe d'avocat, vous
avez voulu revêtir l'uniforme du soldat français,
qui est aussi « un manteau de la justice » et sans
hésiter, laissant là tout ce qui donne du prix à la
vie, abandonnant parents, épouses, enfants, vous
êtes allés résolument réclamer votre place dans la
mêlée des batailles.

Je vous vois, fraternellement confondus avec nos
soldats, vivant de leur vie, dans les cantonnements,

aux jours de repos, et jusque dans les tranchées ; je vous vois et j'entends vos paroles ardentes, enflammées, flétrissant devant vos camarades, avec l'autorité que vous donnait votre talent professionnel, l'agression abominable et inique perpétrée contre nous, flétrissant ces souverains et ces peuples qui osent invoquer Dieu, « quand leurs mains, comme dit le prophète, sont chargées d'iniquité et pleines de sang innocent (1) », qui osent protester de leur respect pour la justice et le droit, quand ils violent, comme les pires criminels, toutes les lois divines et humaines, qui osent, malgré leurs forfaits, se proclamer — suprême ironie — les champions et les dépositaires élus, privilégiés de la civilisation la plus raffinée. Et comme ils vous écoutaient, vos frères d'armes, comme ils vous admiraient! Ah! ils vous écoutaient et vous applaudissaient avec d'autant plus d'enthousiasme que vos paroles résonnaient à l'unisson de leurs propres sentiments : car aussi bien ne suffit-il pas d'être Français pour haïr l'iniquité « et poursuivre la justice » ?

Oui, Messieurs, à la France aussi, à toute la France, cette parole biblique s'est fait entendre ; et elle aussi, elle l'a recueillie avec dévotion ; elle s'en

(1) Is., I, 8.

est imprégnée et elle s'en inspire pour sa gloire et pour son honneur. Le sentiment de la justice règne souverainement dans l'âme française.

C'est parce que la France est juste, qu'elle a senti plus vivement l'injure faite au droit et qu'elle s'est levée pour le défendre et pour le venger, et elle s'est levée non pas seulement pour elle, non pas seulement pour protéger son patrimoine héréditaire, mais aussi pour le salut de ces peuples, petits par le nombre de leurs habitants, mais si grands, si merveilleusement grands par leur hauteur morale et par leur volonté indomptable de ne point succomber, malgré la cruauté des épreuves, sous la force rapace et sauvage. C'est parce que la France est juste, et parce qu'elle sait que la cause qu'elle défend est juste et sainte, qu'au frisson d'indignation et de révolte qui, d'abord, a secoué toutes les poitrines, s'est substituée aussitôt une résolution calme, froide, opiniâtre, de lutter, de tenir et de vaincre ; c'est pour cela que l'union s'est faite entre tous les cœurs et toutes les âmes ; union dans les paroles où nulle voix disparate ne détonne, qui proclament à l'envi l'amour de la Patrie, la tolérance mutuelle, le respect des croyances, des opinions et des partis tous également confondus dans le culte de la France ; union dans les paroles, mais aussi, ce qui vaut mieux, et qui sera un des gages essentiels du triomphe, union dans les actes qui, sur aucun point, ne démentent les paroles.

C'est parce que la France est juste, et parce qu'elle sait qu'elle ne combat pas seulement pour son existence, mais aussi pour le salut de la civilisation et la liberté des peuples mises en péril par un retour offensif de la barbarie, c'est pour cela que l'héroïsme de nos soldats et de leurs chefs admirables, qui, durant les longs mois écoulés, non seulement ne s'est pas démenti un seul instant, mais semblait avoir atteint les limites extrêmes du sacrifice, grandit encore, chaque jour, aux regards émerveillés de l'univers, autour des remparts inexpugnables de cette noble cité de Verdun, sur laquelle sont fixés nos vœux ardents et nos plus fermes espérances; c'est pour cela, enfin, Messieurs, que, s'il a plu à la Providence de nous frapper dans nos affections, si la guerre, l'horrible guerre nous a ravi des êtres chers, morts pour la France, nous dominons, nous devons dominer notre douleur, nous devons refouler nos larmes, nous devons nous consoler, nous consoler en unissant notre voix, fût-elle brisée par des sanglots étouffés, à la grande voix de la Patrie reconnaissante, glorifiant et bénissant, dans une commune et sublime apothéose, tous ceux de ses enfants qui ont donné leur vie pour elle.

O notre France adorée, souviens-toi, souviens-toi toujours de la parole biblique : « La justice, la justice, poursuis-la. » Dieu t'a choisie pour la justice ; et, comme dit l'Écriture, « il t'a attachée à lui à jamais ; il t'a attachée à lui pour la droiture et la justice (1) ». Et c'est bien ainsi que tu apparais au milieu de l'assemblée des nations. Ta devise inscrite sur tes monuments et sur tous les actes de ta vie publique, mais qui est gravée aussi dans ton cœur, cette devise est née de la « justice ». Vers toi se tournent et se tourneront sans cesse, comme jadis, comme toujours dans le passé, tous ceux qui souffrent, qui gémissent sous le poids de l'oppression ou de l'iniquité et qui attendent de « la splendeur de ta lumière » (2) « le rayon bienfaisant » qui viendra soutenir leurs espérances. Mais voici que tu n'es plus seule à poursuivre la justice. Vers toi « affluent les peuples (3) », peuples alliés, peuples amis, dont le nombre s'accroît de plus en plus, qui, épris du même idéal, mêlent héroïquement leur sang à ton sang et sont résolus à unir pour toujours, par un pacte indissoluble, leur cause

(1) Osée, 2, 22.
(2) Ps., 36, 10.
(3) Michée, 4, 11.

à ta cause. O notre France, France immortelle, plus
que jamais, appuyée sur les nations, tes sœurs, reste
fidèle à la voix divine. « Poursuis la justice », et
sûrement, elle se réalisera cette parole admirable
du prophète : «La justice marchant devant toi, elle
te conduira à la gloire (1) », c'est-à-dire à la victoire.

Amen.

(1) Is., 83, 8.

QUATRIÈME CÉRÉMONIE

Cette cérémonie confraternelle a été célébrée
au Palais de Justice, à la bibliothèque des avocats,
dans la salle des Conférences du stage, le 28 octobre 1916. -

A cette réunion ont pris part, indépendamment
des personnes citées plus haut, les membres pré-
sents à Paris du Barreau belge, et, à leur tête,
le bâtonnier de Bruxelles, M. THÉODOR, incarcéré en Allemagne pour sa noble résistance aux
oppresseurs de son pays et rendu à la liberté,
sur l'initiative du Barreau de Paris, par la généreuse intervention de S. M. le roi d'Espagne,
Alphonse XIII.

Avant la séance, Mᵉ BRUNET, ancien bâtonnier
de Bruxelles, a offert au nom du Barreau belge, à
M. le bâtonnier HENRI ROBERT, une plaque en
bronze, sur laquelle est gravée .'inscription sui-
vante : AUX AVOCATS DU BARREAU DE PARIS TOMBÉS
GLORIEUSEMENT POUR LE DROIT ET LA LIBERTÉ, LEURS

CONFRÈRES BELGES ACCUEILLIS PAR LE BARREAU DE
PARIS PENDANT LA GUERRE.

Avaient été également conviés :

M. BRIAND, président du Conseil, ministre des
Affaires étrangères.

M. CARTON DE WIART, ministre de la Justice de
Belgique, et Mme CARTON DE WIART.

M. VIVIANI, ministre de la Justice, et Mme VIVIANI.

M. BENTKOWSKI, avocat de l'ambassade de Russie,
et M. JOSÉ D'ARRUELA, avocat à Lisbonne.

Trois discours ont été prononcés dans cette
séance, le premier par M. le bâtonnier HENRI
ROBERT ; le second par M. le bâtonnier THÉODOR,
le troisième par M. RAYMOND POINCARÉ, président
de la République française.

M. le Bâtonnier a d'abord donné lecture des
noms des cent vingt-quatre avocats morts pour la
Patrie.

Cette longue et douloureuse énumération a
été écoutée debout, et dans une attitude pleine
de recueillement et d'émotion, par toute l'assistance.

M. le Bâtonnier a également donné lecture de

deux adresses envoyées, l'une par le Barreau de Lisbonne, signée de cent neuf membres de ce Barreau, dont voici le texte :

Les soussignés, avocats au Barreau de Lisbonne, rendent un hommage pieux et ému à la mémoire de leurs confrères morts au champ d'honneur pour la France et son droit :

A. ALEXANDRE DE MATOS, A. ARTHUR DE CARVALHO, A. EULER DE CARVALHO, A. LINO NETO, A. REIS TORGAL, A. VIEGAS CALCADA, A. XAVIER COR-DEIRO, ABEL D'ANDRADE, ABEL MOTA VEIGA, ACCACIO D'ALMEIDA FURTADO, ADOLFO D'AN-DRADE, AFONSO D'ALMEIDA SERRA, AFONSO JOSÉ LUCAS, AFONSO LOPES VIEIRA, ALBANO GUEDES, ALBERTO IDEIAS, ALBERTO PINTO GOUVEIA, ALBERTO XAVIER, ALBINO VIEIRA DA ROCHA, ALEXANDRE SOBRAL DE CAMPOS, AIFREDO CORTEZ. ALFREDO DA CUNHA, ALFREDO NOGUEIRA, ALFREDO SANTOS, ALFREDO TEXEIRA, D'AZEVEDO, AMANDIO MOTA VEIGA, ANTONIO ABRANCHES FERRAO, ANTO-NIO AFONSO, ANTONIO D'ALMEIDA SERRA, ANTONIO BOURBON, ANTONIO CALDEIRA COELHO, ANTONIO HORTA OZORIO, ANTONIO NAPOLES, ANTONIO OZO-

rio Arnaldo Monteiro, Arnaldo Pires da Costa,
Arthur Ribeiro Lopes, Augusto Ribeiro de
Souza, Carlos Arsues Moreira, Carlos Bar-
bosa, Carlos Granja, Carlos Roberto d'Oliveira Pinto, Claudio Dias Antunes, Cunha
e Costa, Cunha Goncalves, Diogo Marreiros
Neto, Emygdio Mendes, Ernesto Belesa d'An-
drade, Fernando Cortez Pizarro, Francisco
Vargo Maldonado, Francisco Mendes Esme-
raldo, Graca Afreixo.

Gustova Ferreira Borges, Izidro Aranha, J. Men-
des de Vasconcelos, J. Reis Torgal, Jayme
Arnaut, Jeronymo do Couto Rosado, Joao de
Caires, Joao Henriques Pinheiro, Joao de
Macedo Santos, Joao Moreira d'Almeida, Joao
Pinto de Figueiredo, Joao Pinto dos Santos,
Joao de Souza Queiroga, Joao Tudela, Joao
Valerio Neves Pereira, Joaquin Albano Fon-
seca, José d'Almeida Vasconcelos, José
d'Aruela, José Brito Chaves, José Gomes
Mota, José Montez, José de Quadros, Jose
Teixeira d'Azevedo, José Teles Diniz, Julio
May d'Oliveira, Julio de Souza, Ludgero
Neves, Luis Soares d'Albergaria, M. Maga-

lhais Pessoa, M. V. d'Armelin Junior, Manuel Duarte, Mariano Maria Mendes, Mario Pinheiro Chagas.

Martinho Nobre de Melo, Mauricio Costa, Miguel Tobin de Sequeira Braga, Morais Cardozo, Meura Pinto, Paulo Cancela d'Abreu, Pedro dos Santos Gomes, Penha e Costa, Preto Pacheco, Rangel de Sampaio, Regina de Quintanilha, Salvador Brum do Canto, Santos Lourenco, Saul Simoes Serio, Thomaz da Matta e Dias, Tiberio Maia Mendes, Vaz Ferreira, Vaz Pereira, Victor Augusto Pereira Nunes e Virgilio Saque, Francisco Augusto Martins Vicente (Braga), Mario P. d'Oliveira (Porto), Francisco Canavarro Valladares (Traz-os-Montes).

La seconde adresse a été envoyée à M. le Bâtonnier par un groupe d'avocats américains, représentés par MM. Archibald, Kelly et Barnard; cette dernière accompagnée d'une palme. Ces deux adresses rendent un hommage pieux à la mémoire des avocats parisiens *morts pour la Patrie et la Liberté humaine.*

Puis M. le Bâtonnier s'est exprimé en ces termes :

Discours de M. le bâtonnier HENRI-ROBERT.

MONSIEUR LE PRÉSIDENT DE LA RÉPUBLIQUE,

Nous vous remercions d'être venu au milieu de vos confrères, avec le président du Conseil et le garde des Sceaux, pour honorer nos morts et rendre hommage à un vivant.

MONSIEUR LE BATONNIER THÉODOR,

Pour que cette cérémonie destinée à glorifier les héroïques soldats de la grande guerre fût complète et vraiment symbolique, votre présence ici était nécessaire.

En évoquant le souvenir de ceux qui ont porté si haut le courage militaire, nous voulions avoir parmi nous celui qui a donné un grand exemple de courage civique.

Au nom du Barreau de Paris, fidèle interprète de tous les avocats de France, je suis heureux de vous dire notre affectueuse admiration.

Nous saluons en vous, non seulement l'avocat
éminent, le chef aimé et respecté du grand Barreau
de Bruxelles, mais aussi le représentant de la noble
Belgique, le fils de la terre des Flandres ravagée et
meurtrie, l'homme au cœur vaillant qui s'est dressé
sans crainte, de toute sa hauteur morale, pour tenir
tête à un ennemi qui ne connaît d'autre loi que la
force et d'autre règle que la violence.

Vous avez été l'intrépide défenseur du droit violé
et de la justice outragée. Votre fière attitude s'ins-
pirait d'un sentiment profond. Je veux reprendre
ici la saisissante expression de mon éminent ami
Carton de Wiart, ministre de la Justice de Belgique,
qui nous fait le grand honneur d'être notre hôte
aujourd'hui; le sentiment qui vous guidait dans
votre rude tâche « s'appelle d'un seul mot intra-
duisible en allemand : l'Honneur ».

Pour avoir refusé de courber le front devant l'envahisseur vous avez connu les rigueurs de l'empri-
sonnement et les tortures de l'exil.

Quand nous avons appris vos souffrances, nos
cœurs ont été douloureusement émus. Nous avons
résolu de plaider votre cause auprès d'un souverain
qui n'a cessé depuis le début de la guerre de s'inté-
resser au sort de tous ceux qui souffrent et qui
pleurent.

Grâce à S. E. M. Quinonès de Léon nous avons fait parvenir notre supplique à S. M. Alphonse XIII.

Le roi d'Espagne a su nous prouver que la neutralité n'exclut pas la bonté. Adressons-lui un nouveau témoignage de notre respectueuse gratitude.

Mon cher bâtonnier, votre présence au milieu de vos confrères de Belgique et de France — mais pourquoi distinguer? ne formons-nous pas désormais une seule et même famille? — votre présence au milieu de tous vos confrères nous donne une des rares joies que nous ayons eues depuis deux années.

Votre nom, mon cher Théodor, restera dans l'Histoire, avec les noms du roi Albert, de la reine Elisabeth, de Mme Carton de Wiart, de S. Ém. le cardinal Mercier, du général Leman et d'Adolphe Max, notre confrère, le vaillant bourgmestre de Bruxelles !

Mes chers Confrères,

Déjà, au cours de la seconde année de guerre, nous avons voulu donner aux avocats à la Cour de Paris morts pour la France une pieuse pensée.

Dans le cadre merveilleux de la Sainte-Chapelle, S. Ém. le cardinal Amette a, dans un magnifique langage, salué tous ces jeunes héros morts en défendant la plus belle et la plus juste des causes. Au Temple de l'Oratoire, M. le pasteur Roberty, et, au Temple israélite, M. le grand rabbin de France Dreyfus, ont éloquemment parlé de ceux que nous pleurons.

Le prince de l'Église, le pasteur et le rabbin avaient prié pour tous nos morts. Nous honorons aujourd'hui ces défenseurs du Droit et de la Civilisation sans distinction de culte, de croyances ou d'opinions.

Dans ce Palais, où ils ont vécu, dans cette Salle des Conférences, où ils ont connu l'ivresse des premiers succès, nous voulons évoquer leur souvenir et glorifier leurs actes. Nos confrères des barreaux belges ont eu la délicate et touchante pensée, qui nous émeut profondément, de nous remettre une œuvre d'art que nous placerons près du tableau de nos morts. Nous venons déposer là la palme du souvenir et la placer à côté de celles qui nous ont été offertes par nos confrères du barreau de Pétrograd, représentés ici par M. Bentkowski — et par les juges du troisième Conseil de guerre de Paris.

En 1870, neuf avocats étaient tombés sur les champs de bataille. Depuis vingt-six mois de guerre cent vingt-quatre noms sont inscrits à notre glorieux et funèbre tableau. Quelle tristesse! Mais aussi quel orgueil, en lisant sur les murs de notre bibliothèque plus de deux cent cinquante citations, cinquante croix de la Légion d'honneur, dix médailles militaires et une croix de Saint-Georges de Russie!

Comme tous les Français, les fils de bourgeois ont fait héroïquement leur devoir!

Nous apportons un confraternel hommage à tous ces jeunes hommes, qui ont donné leur vie pour sauver la Patrie et rendre à notre France bien-aimée sa gloire et sa splendeur d'autrefois.

Les noms des avocats qui ont été tués en préservant le Monde de l'odieuse domination germanique seront gravés, sur le marbre, en lettres ineffaçables dans la grande salle de notre bibliothèque. Pour rappeler aux générations futures leur fin glorieuse et leur incomparable héroïsme, je proposerai au Conseil de l'Ordre de laisser à notre tableau leurs noms inscrits, avec cette mention : « Morts pour la France. » Un Livre d'Or, que nous publierons, contiendra le récit de leurs exploits, et nous rappellera les traits de leurs visages. Nous le donnerons à nos jeunes stagiaires, pour leur apprendre, en même temps que les règles tutélaires de notre profession, l'histoire glorieuse des combattants de la Grande Guerre.

Enfin, je voudrais que, chaque année, à la rentrée de la Conférence, le vénéré doyen de notre Ordre se levât, avant le discours traditionnel du bâtonnier, pour lire à la jeunesse et aux anciens assemblés les noms de ceux qui ont si bien plaidé la cause de la France. Touchant hommage de la vieillesse qui survit à la jeunesse qui a disparu... L'aïeul évoquera le souvenir de ses petits-enfants...

En honorant nos confrères tombés pour la Patrie, nous voulons célébrer toute la Jeunesse de France, qui, pour sauver l'Idéal en péril, est partie au même signal pour s'élancer vers la mort, vers la gloire !

Notre pays a parfois souffert de l'anonymat qui recouvre ceux qui ont combattu pour lui. Nous, du moins, nous savons à qui adresser notre reconnaissance et notre admiration. Nous pouvons nous réunir pour écouter nos morts, méditer les enseignements qu'ils nous ont laissés, et entendre la leçon que nous donnent « les voix chères qui se sont tues » (Verlaine).

Aucune nation n'a, à l'égal de la nôtre, le culte du souvenir. La piété envers les morts n'est nulle part, en France, plus vive qu'au Barreau de Paris. Chaque année, en parlant de ceux que nous avons perdus, nous faisons, en quelque sorte, notre examen de conscience. Avant de reprendre nos travaux, nous aimons à honorer des vies qui furent droites et, dans l'éloge de ceux qui ont fourni une longue carrière, nous cherchons des modèles et des exemples.

Aujourd'hui ce sont des enfants qui vont nous enseigner. Leurs vies furent courtes : c'est leur brièveté même qui en fait la suprême beauté. Tout le génie de ces morts fut dans un acte unique, mais incomparable. Ils ont fait plus que vivre une longue vie, ils ont donné leur vie.

La seule attitude digne d'eux serait le silence et la méditation. Le 2 décembre 1871, après une paix douloureuse qui laissait la France amoindrie et consacrait un nouvel empire d'Allemagne despotique et triomphant, le bâtonnier Rousse s'écriait : « Je salue avec respect ces jeunes morts et je leur adresse un dernier adieu. Ils sont morts pour la Patrie... Leur mémoire s'offenserait d'une autre louange. »

Oui, nos paroles sont inférieures à leurs actions. « On demeure confondu par la grandeur du sujet. » S'il fallait qu'une voix s'élevât sur ces tombes, où gît la jeune gloire du Barreau français, il ne faudrait les louer qu'avec eux-mêmes : par la lecture des quelques phrases dans lesquelles leurs chefs attestent leur héroïsme.

Mais c'est pour le juste orgueil des vivants que nous voulons parler de nos morts.

La longue hérédité guerrière qui a, tant de fois, exalté notre race les faisait tressaillir à l'annonce de la lutte. Joyeux de porter sur les champs de bataille l'ardeur qui les signalait à la barre, ils rêvaient de chevauchées vers les provinces perdues. Ils escomptaient la charge héroïque, rythmée par des sonneries de clairons et des roulements de tambours, les drapeaux largement déployés claquant au vent, — la charge à la française!

Et voici que bientôt ce ne fut plus la ruée dans l'enthousiasme, mais la lourdeur des jours succédant aux jours.. Sous le ciel bas des Flandres, dans les plaines crayeuses de Champagne ou sur les ravins boisés des Vosges, dans le glorieux enfer de Verdun, ce fut la boue glacée, les fatigues cruelles, les longues nuits sous les balles et sous la mitraille, sous la pluie implacable... l'attente de l'heure décisive pendant des jours et des mois, vécus, si l'on peut dire, à la bouche des canons ennemis.

Proclamons-le sans crainte d'être démentis par l'Histoire, jamais hommes ne furent égaux à ceux-là. Affirmer que l'héroïsme français n'a jamais atteint ces hautes cimes, ce n'est pas diminuer par un blasphème les soldats de Condé et de Napoléon, c'est nous donner de nouveaux et de justes sujets de fierté.

Les soldats d'autrefois étaient des professionnels qui savaient que le repos viendrait après la bataille. Ils voyaient l'ennemi à combattre, ils savaient d'où venaient les coups. Ceux-ci au contraire, jour et nuit, sans trêve, durent combattre. Autour d'eux la mort rôdait, invisible, les guettant de tous les points de l'horizon. Quels éloges n'a-t-on pas accordés, depuis vingt siècles, aux héros de l'antiquité?... Voici que la littérature guerrière et les traités de morale sont à refaire. Un seul mot efface les plus sublimes pages : Verdun!

Verdun! nom cher à tous les cœurs français! Mot magique qui évoque d'impérissables souvenirs d'héroïsme et de gloire! Quel poète chantera, pour la postérité, les litanies de la Cité Inviolée, qui a servi de rempart à la civilisation latine!

Des hommes sont entrés dans l'Histoire, pour un mot sublime, un trait de courage, une journée de combat. Quels mots, quels actes, quels combats vaudront jamais deux ans de cette guerre infernale?

Ma pensée se reporte à la fin de juillet 1914. Nous vivions alors dans une inconcevable ignorance des périls qui nous menaçaient. Endormis dans une dangereuse sécurité, oublieux de la force sans cesse grandissante et des armements formidables de l'Allemagne, tous ces jeunes gens allaient partir, joyeux, vers le repos bien gagné.

Quel brusque réveil! C'est la guerre! L'horrible guerre qui dure depuis plus de deux années. C'est la

catastrophe déchaînée par l'ambition et la cupidité
germaniques.

Le seuil de notre siècle est pavé de tombeaux...

L'élite des jeunes générations a été fauchée par
la mort aveugle et brutale. Les dernières promo-
tions de secrétaires de la Conférence ont été décimées. L'une d'elles, sur douze secrétaires, compte
cinq morts et deux blessés.

Je les revois tels que je les ai connus et aimés.
Leurs visages glacés pour l'éternité m'apparaissent
transfigurés par la grandeur et la beauté du sacrifice.
Celui-là était paré de toutes les grâces de la jeunesse,
de toutes les séductions de l'intelligence... Placé
par les suffrages de ses contemporains à la tête de
sa promotion, il a donné volontairement sa vie pour
sauvegarder celle d'un père de famille.

Cet autre, que j'aimais comme un enfant, était
venu me voir quelques jours avant le suprême sacrifice. Je le félicitai de sa croix de guerre; il me
répondit avec une souriante intrépidité : « J'espère
te donner mieux d'ici peu de temps. » Huit jours
après il tombait « en entraînant sa section à l'assaut
des tranchées allemandes ».

J'ai dû annoncer à des parents, à des femmes, que
leur enfant ou leur mari avait été tué... J'ai accom-

pli la cruelle mission d'apporter des consolations à
ceux qui ne peuvent être consolés... Ce furent les
minutes les plus douloureuses d'un long bâtonnat...

Combien en est-il encore qui ne reviendront jamais ! Le plus beau destin leur était réservé... Ils ont
tout perdu : la force, la beauté, la jeunesse, — ce cortège de joies que la vie ne refuse pas aux existences
même les plus modestes et que l'antiquité résumait
dans un mot harmonieux : « La lumière du jour! »

Ils sont morts à l'heure où l'avenir s'ouvrait
devant eux comme une avenue ensoleillée, à l'âge
où l'on ne soupçonne pas les désillusions, où tout le
bonheur est dans la beauté de la promesse, où l'on
méprise les mesquines ambitions et l'égoïsme des
intérêts personnels, où les yeux fixés sur le sommet
à atteindre ne voient pas la pente qu'il faudra
bientôt descendre... Avides de déployer leurs forces,
ils défiaient la vie, ils pouvaient espérer la dompter.
Hélas! ils sont tombés au seuil du chemin, en plein
élan.

Ambition, rêves de fortune ou de tendresse, ils
ont tout laissé pour entrer dans la tourmente. Ils
aimaient la vie et ils ont donné leur vie! Ils avaient
l'humaine angoisse de la mort et ils se sont jetés
dans la mort!

Quand nous publierons leurs lettres, vous verrez

la sublimité qu'il peut y avoir à dire adieu à tout ce qu'on aime, à savoir ce qu'on va perdre et à l'offrir en sacrifice, à marcher, sans défaillance, les yeux fixés sur le péril.

Aucun destin ne fut plus cruel!

Aucun destin ne fut plus beau!

Ceux d'il y a quarante-cinq ans avaient lutté pour l'honneur, en désespérés, avec le sentiment profond de l'inutilité de leurs efforts.

Eux, du moins, ont eu, en mourant, des certitudes consolatrices. Ils ont pu avoir la claire notion des radieux lendemains. Ils ont fermé les yeux, non pas dans la rage impuissante de la défaite, mais dans la certitude entrevue de la victoire!

Sur leur monument funèbre, le symbole que nous mettrons, ce ne sera pas l'aigle blessé à mort de la plaine de Waterloo, mais le coq gaulois vibrant et nerveux qui se dresse fièrement vers le ciel, lançant à pleine voix un chant de gloire pour faire lever l'aurore des victoires réparatrices.

La grandeur de la cause égalait la lourdeur du sacrifice.

Si la nuit qui suit les invasions des barbares n'est pas tombée sur le monde, si la beauté resplendit encore sur la vieille Europe, si les Allemands, qui ont déshonoré la science et rendu la guerre plus odieuse encore, ont dû renoncer à leurs rêves de domination universelle, c'est aux soldats français et à nos alliés que nous le devons.

Si demain la France, allégée du poids de la menace qui pesait sur elle depuis près d'un demi-siècle, reprend son œuvre de générosité et de lumière, c'est grâce à eux.

Honneur à nos soldats et à ceux qui les commandent !

La France saura récompenser ceux qui l'ont sauvée. Il ne suffira pas de leur offrir, à titre de compensation, des paroles de gratitude ou des mots d'admiration. Il faudra leur manifester notre reconnaissance d'une manière plus effective : par des actes.

Nous ne serons ni avares, ni ingrats. Pour soulager tant d'infortunes, réparer tant de ruines, panser tant de blessures, pour venir en aide aux victimes de la guerre qui ont versé leur sang pour défendre nos foyers, ceux qui possèdent devront, sans hésitation, verser généreusement leur argent.

Retenus à l'arrière par l'âge ou la maladie, nous avons encore d'autres obligations impérieuses à remplir envers ceux qui sont au front.

Il faut que nos admirables soldats, lors de leur retour triomphal, retrouvent en France l'oubli des vieilles querelles de parti, le respect des opinions

et des croyances, en un mot l' « union sacrée »
durable et définitive.

Ah ! s'il est cruel de mourir en pleine jeunesse, il
est beau de se sacrifier pour un pays qui n'eut jamais
de dureté qu'envers lui-même, — pour la beauté de
son ciel, la douceur de son horizon, les molles col-
lines dont l'harmonie est comme le témoignage de
l'équilibre de la race, — pour le pays qui vit naître
Corneille et Pascal, Racine et Bossuet, Voltaire et
Hugo, dont les héros nationaux ne sont pas seulement des vaillants, mais encore des hommes au cœur
sensible, à l'âme généreuse, — pour la France qui,
à côté de Roland, de Duguesclin et de Turenne, peut
mettre Bayard le Juste et Jeanne la Vierge Lorraine !

Pour rendre un solennel hommage à nos confrères, nous aurions pu attendre au lendemain de
la victoire, au jour où les drapeaux tricolores flot-
teront dans le ciel de la terre de France délivrée et
reconquise, quand tous nos soldats seront revenus
pour que la gloire vivante de leur présence rende
nos deuils moins douloureux.

Mais une voix s'est fait entendre — voix dolente
et impérieuse — la voix de ceux qui ne reviendront
pas, de ceux qui sont tombés dans l'ivresse ensoleillée d'un matin d'assaut, regardant la mort en
face, ou de ceux qui ont été terrassés, par une nuit

obscure et froide, les mains ensanglantées aux fils de fer barbelés de l'ennemi — la voix plus lointaine et plus poignante encore des disparus...

Il a fallu que nous nous réunissions, non pas encore pour faire l'éloge de chacun de ces fils bien-aimés de l'Ordre des avocats, mais pour parler d'eux avec ceux qui les ont aimés, pour donner à tous les membres de la grande famille judiciaire qui ont perdu des êtres chers, l'assurance que nous partageons leur douleur et leur fierté.

Les morts de la Grande Guerre ne veulent pas être séparés de ceux qui luttent encore. Ils n'entreront vraiment dans le repos que le jour où la tâche commune sera achevée par la victoire.

Discours de M. THÉODOR, bâtonnier de l'Ordre des avocats de Bruxelles.

Monsieur le Président de la République,
Monsieur le Batonnier,
Mes chers et honorés Confrères,
Mesdames, Messieurs,

En abordant cette tribune, je me fais un devoir et un bonheur d'adresser à la France l'expression

respectueuse de mon ardente admiration et de ma
reconnaissance infinie. Sa participation dans le
conflit gigantesque qui divise le monde lui a donné
une grandeur morale qui n'a jamais été atteinte.
Jamais politique ne fut inspirée par un patriotisme
plus élevé, ni par un idéal plus pur. Elle combat
pour le droit et pour la liberté des peuples. Elle ne
sépare pas sa cause de celle des petits États. La
Belgique libérée en gardera un souvenir ineffaçable.

J'adresse mon salut respectueux à M. le président
de la République. Il est la personnification glorieuse, devant le monde, de son noble pays. Je suis
fier, au delà de toute expression, de me trouver,
en cette solennité, à ses côtés, dans ce Palais qu'il
a illustré et tout rempli de son souvenir, où, après
tant de générations de grands avocats, il a aidé à
forger l'âme nationale française, dont il est aujour-
d'hui la glorieuse incarnation. Elle donne à ses
admirables discours une autorité, que ne confère
pas toujours à une parole donnée un document
écrit, signé et scellé du sceau de l'État.

A M. le bâtonnier Henri-Robert, j'adresse aussi
l'expression de mon affectueuse sympathie et de ma
reconnaissance. Son exquise bonté n'a d'égale que
son incomparable talent. Je lui dois une intervention auguste, qui a décidé de mon sort.

Et quelles attentions délicates j'ai trouvées chez les membres du Conseil de l'Ordre et chez tous mes confrères des barreaux français !

Je suis un proscrit. On m'a interdit mon foyer et ma terre natale. On m'a séparé des miens et de mes confrères. Entre eux et moi règne un silence de mort. De ma patrie, je ne sais plus rien ; à peine je perçois l'écho lointain et intermittent de ses tortures et de ses douleurs.

Dans cette solitude de l'âme, dans cette détresse du cœur, des voix amies sont venues à moi, d'ici, de la province française. Toutes m'ont dit leur noble affection. D'illustres confrères m'ont adressé des témoignages de sympathie, qui resteront parmi les grands souvenirs de ma vie professionnelle.

Vous célébrez aujourd'hui la mémoire des confrères morts pour la patrie. Vous me conviez à cette belle et émouvante cérémonie. Le grand Barreau de Paris ne pouvait me donner une marque plus haute de son estime. En me faisant participer au culte de ses morts, il m'associe au plus intime de sa vie. Je me sens presque des siens.

Objet de tant d'attentions, dès mon arrivée à Paris, je reporte ma pensée vers mes confrères belges : ceux qui sont au front, ceux qui, comme moi, connaissent l'amertume de l'exil, ceux qui sont là-bas et qui subissent, avec un stoïcisme que rien ne lasse, la lourde main de l'oppresseur.

En leur nom à tous, je dépose mon hommage ému sur la tombe de vos morts glorieux. En leur nom, je dis à ces héros toute mon admiration. En leur nom, j'offre aux parents et aux familles éprouvées l'expression respectueuse de ma profonde douleur.

Je me trouvai naguère en cette enceinte. C'était en 1913. Le Barreau de Paris recevait le Barreau de Bruxelles. L'accueil fut magnifique, cordial et charmant. A l'issue de l'une des réunions intimes, qui suivirent la séance officielle, après des effusions débordant de jeunesse, de promesses d'avenir, un retentissant et joyeux cri de « au revoir » nous fut adressé par les Parisiens. La fête, si bien commencée, devait être reprise. Elle n'était qu'interrompue. Une année, ce n'est guère. Quand on a pour soi la jeunesse, on est le maître de l'avenir et l'on commande au lendemain.

Trois longues années ont passé sur ce beau rêve.

Et me voici, seul, au rendez-vous.

Et, au lieu du salut joyeux adressé à des hôtes attendus, c'est un éternel adieu qui tombe de vos lèvres. De ceux que je devais revoir, beaucoup ne sont plus. Ils dorment leur dernier et paisible sommeil.

Quelle cruauté du sort! La douleur sera donc toujours au flanc de l'humanité!

Et pourtant la désespérance ne doit pas entrer dans nos âmes. Ce serait trahir la pensée de ceux qui ne sont plus. Ils visaient très haut, ces cœurs vaillants. Ils ne voyaient que l'œuvre grandiose à accomplir, digne de leur héroïque courage : des patries à sauver, les droits de l'humanité à tenir debout.

Car c'est bien l'enjeu du gigantesque conflit qui s'est déchaîné.

L'orgueilleux Germain ne rêvait pas que de conquêtes de territoire. Ses plans étaient vastes. Il poursuivait l'hégémonie morale du monde. Celle-ci devait être la base durable de son hégémonie politique. Il la préparait avec le même soin, le même souci de méthode, la même ténacité. En même temps que s'organisaient ses forces militaires, se développait, dans son sein, un esprit public étrange, inaccessible à nos cerveaux latins ou latinisés, une culture faite de barbarie et de science, d'appétits et de rêves, mais admirablement adaptée à ses ambitions de conquêtes. Il entendait la substituer à la civilisation latine, toute de beauté morale et d'idéalité, et ravir à la France, qui en est l'âme, le sceptre de sa royauté.

Le principe n'en était pas nouveau. Il est la paraphrase de l'antique formule barbare et païenne : l'État tout-puissant, irresponsable, maître des corps et des âmes, sans justice et sans cœur, délié d'avance de ses propres engagements, quand ses intérêts le commandent.

Elle renie la doctrine de celui qui, le premier, a révélé à l'homme la majesté de son origine et proclamé l'inviolabilité de la personnalité humaine. Elle bouscule l'œuvre de dix-huit siècles d'efforts, de luttes et d'indicibles souffrances, aboutissant, sur cette terre de France, à la proclamation des Droits de l'homme. Elle fait de l'homme un roi découronné, un esclave. Sous sa bannière se sont enrôlés les intellectuels, les hommes d'État, les militaires, voire les ministres de Dieu. La religion, faite de bonté et de justice, couvre de son manteau divin des attentats qui étonneront les générations à venir et resteront la grande tache des temps modernes.

Fort de son droit, le cœur haut, la conscience tranquille, l'invincible potentat lança ses troupes. Elles devaient enjamber la petite Belgique et frapper la France au cœur. La Belgique se leva fière, frémissante d'indignation. Sa signature était engagée. Plutôt mourir que de trahir. Elle fut châtiée. On lui

marcha sur le corps, on meurtrit son âme. On dé-
crète de haute trahison le père qui n'empêche pas
son fils de rejoindre ses drapeaux, transformant en
un délit infâme le plus saint, le plus sacré et le plus
douloureux des devoirs. Ses richesses sont anéan-
ties, fruit d'un labeur séculaire. Des milliers de
civils sont fusillés. Cinq cent mille Belges errent,
de par le monde, sans moyens d'existence. Sept
millions d'êtres humains vivent en pays occupé,
sous la constante menace de la famine et des pires
événements. Des hommes, au cœur vaillant et fier,
accoutumés à demander leur pain au travail, vivent
de charité. Elles sont navrantes, les files de malheureux, qui attendent, par centaines, aux portes de
distributions de secours, le morceau de pain ou la
maigre aumône en argent, qui doit les empêcher de
mourir de faim.

Mais, derrière ces visions d'horreur, une aube se
lève, celle du jour grandissant des réparations et de
la victoire. La victoire est à nous. Nous vaincrons.
Dieu le veut. Déjà le monde respire. L'humanité
reprend sa marche, un instant interrompue, vers
de plus hauts avenirs. La France ne cessera pas de
rayonner sur le monde. Les nations continueront à
s'abreuver aux sources de son intellectualité, si
pure, si vivante, si féconde. La petite Belgique

renaîtra de ses ruines, plus glorieuse. Libre de tutelles et de lisières, elle marchera, sinon en force, du moins en dignité et en fierté, l'égale des grandes nations, prête, sous la conduite de son Roi, pour les tâches de demain.

Nous le devrons, le monde le devra à ces héros, dont nous célébrons la mémoire. Ils ont tout sacrifié, leur jeunesse, leurs affections du cœur, les tendresses de leur âme, leurs espoirs et leurs rêves. La rançon est dure et le cœur se serre. Je ne connais rien de cruel comme de mourir en pleine jeunesse, le cœur gonflé de vie, les yeux pleins de lumière, rien d'atroce comme de perdre un enfant.

Mais meurt-il celui qui tombe pour une noble cause? Meurt-il celui qui succombe pour sa Patrie? Meurt-il celui qui, dans un suprême effort, réalise l'idéal de sa race? Non, les héros et les martyrs ne meurent point. Ils vivent dans leur œuvre ; ils s'immortalisent dans le souvenir des hommes. Leurs tombes jalonnent la route de l'humanité et en marquent les étapes sanglantes. Devant elles, les générations passent et s'inclinent. Tant qu'il y aura une France, elle honorera ses enfants morts pour elle. Tant qu'il y aura un monde civilisé, il adressera son hommage reconnaissant aux héros de la Marne, de Verdun, de la Somme, de la Picardie. Ils ont, avec leur sang, écrit les plus belles pages de l'histoire de leur pays et l'une des plus belles de l'histoire de l'humanité.

La Belgique a aussi ses héros. Ils reposent dans les fossés des forts de Liége, dans les champs dévastés de l'Yser, dans les plaines du Brabant et de toutes nos provinces. Car il n'est pas un coin de notre malheureux pays qui soit resté inviolé. Quand notre sol sera libéré, quand le Palais de justice de la capitale aura cessé d'abriter des baïonnettes ennemies, quand des couleurs, qui ne sont pas à nous, auront cessé de flotter à son fronton, pour être remplacées par les libres couleurs de Belgique, quand, débarrassé de tout contact impur, il sera redevenu le temple majestueux du Droit, alors, nous aussi, nous célébrerons nos morts. Et, à ce moment, je vous demanderai, Monsieur le Bâtonnier, de nous faire l'honneur de nous apporter, avec le prestige de votre parole, avec l'autorité de votre haute et noble personnalité, le salut de vos confrères, le salut de la France.

28 OC

DISCOURS DE MONSIEUR L

E 1916

SIDENT DE LA RÉPUBLIQUE

*Discours de **M**. le PRÉSIDENT
DE LA RÉPUBLIQUE.*

MONSIEUR LE BATONNIER,

MESDAMES,

MESSIEURS,

MES CHERS CONFRÈRES,

Après les trois émouvantes cérémonies que le Barreau de Paris a fait célébrer à la mémoire de ses morts, il a voulu s'assembler au foyer de la maison familiale pour honorer, dans le recueillement de l'intimité, le glorieux souvenir de ceux qu'il a perdus. Je vous remercie de m'avoir convié à cette réunion confraternelle. Pendant de longues années, j'ai partagé vos travaux, j'ai vécu de votre vie, vos joies ont été les miennes. Comment aurais-je pu, dans les jours de deuil, ne pas prendre place à vos côtés?

Patrie, famille, communautés professionnelles, toutes les sociétés humaines connaissent mieux, à l'épreuve de la douleur, la force des liens qui maintiennent leur cohésion et assurent leur unité. Jamais l'Ordre des avocats n'aura senti la puissance vitale de son être collectif comme aux heures tragiques où il a été ravagé par la mort. Chaque perte qu'il a subie, chaque motif de tristesse et de fierté qu'il a trouvé dans la guerre ont immédiatement fait battre, chez lui, tous les cœurs à l'unisson. Dans cette salle, qui abrite votre labeur quotidien, pénètre aujourd'hui, avec l'image de tant d'amis qui ne reviendront plus s'y asseoir, quelque chose de moins fragile et de moins passager que la vie individuelle, l'âme même de la grande corporation à laquelle ils ont appartenu et qui les pleure comme ses enfants. Demeurer loin de vous en un tel moment, c'eût été renier notre passé commun, trahir mes affections les plus anciennes et rompre avec une partie de moi-même.

J'aurais voulu, cependant, m'associer en silence aux pieuses émotions que vient d'accroître en vous la beauté des discours entendus. Pourquoi de pâles redites après le noble hommage que M. le bâtonnier Henri Robert a su rendre au patriotisme du Barreau? Pourquoi de faibles paroles, si sincères qu'elles soient, après la magnifique éloquence qui éclate dans le langage et dans la mâle conduite de M. le bâtonnier Théodor? Je n'aurais eu qu'à écouter et à me taire, si je ne vous apportais que le tribut d'une sympathie personnelle; mais j'ai le devoir de féliciter nos hôtes belges au nom de la France et de vous dire à tous la gratitude du pays.

Mme Carton de Wiart voudra bien me permettre de déposer, tout d'abord, à ses pieds, la respectueuse offrande de l'admiration publique. Son nom illustre, qui a reçu d'elle un rayonnement nouveau, signifie désormais pour le monde entier la résistance à la force brutale, le dévouement au malheur, la révolte de l'honnêteté devant l'injustice et l'oppression. Mme Carton de Wiart a donné à l'héroïsme la parure de la grâce et de l'esprit. Dans un interrogatoire de quinze heures, que lui a fait subir un tribunal composé de trois officiers ennemis, elle s'est défendue, pied à pied, avec une tranquillité souriante. Ses juges ne lui ont pas pardonné sa vaillante ironie. Mme Carton de Wiart a été emmenée par les Allemands à Berlin. Berlin l'a emprisonnée. Paris comprend mieux sa bravoure charmante. Souffrez, Madame, que les Français vous expriment toute leur vénération.

Parmi les nombreux exemples de courage civique qu'offrent constamment les populations des pays alliés, celui qu'a donné, en Belgique, M. le bâtonnier Théodor mérite particulièrement de rester gravé sur les tablettes de l'Histoire et proposé comme un ineffaçable modèle à la plus lointaine postérité. M⁰ Théodor s'est sacrifié pour son Ordre, il s'est sacrifié pour sa patrie, il s'est sacrifié pour une idée qui nous dépasse tous, et dont l'empire ne s'arrête ni à la limite d'une association, ni à la frontière d'un peuple, ni à la durée d'une génération, la pure idée du droit souverain.

Dès avant la date fatale de juillet 1914, quelques-uns de nos voisins belges avaient pressenti et redouté l'agression de l'Allemagne, M. Théodor était de ceux-là. Député de la ville de Bruxelles à la Chambre des représentants, il s'inquiétait du sort que réserverait à son pays une guerre européenne. En 1912, alors que les premiers nuages s'amoncelaient en Orient, il interpellait son gouvernement sur la nécessité de parer, par de promptes mesures militaires, au danger qu'il entrevoyait, et son intervention n'était pas étrangère à l'élaboration et au vote de la loi qui établit le service général et renforça l'armée belge. Ces belles et vaillantes troupes, que j'ai plusieurs fois visitées sur l'Yser et qui, sous la conduite de leur auguste chef, contribueront avec les nôtres à la libération de leur terre natale, c'est la clairvoyante collaboration du gouvernement royal et de bons citoyens comme M. Théodor qui les a recrutées, équipées et préparées à défendre la loyale Belgique contre la honteuse félonie d'une grande nation garante de son indépendance et de sa neutralité.

Élu bâtonnier en octobre 1913, Mᵉ Théodor s'est trouvé à la tête de son Ordre le jour où l'ennemi, après avoir semé, sur son passage, dans les provinces wallonnes et flamandes, la ruine et la désolation, est venu promener dans les rues de Bruxelles son arrogance et ses airs de défi. D'un ton hautain et provocant, l'envahisseur s'arroge le droit de violer, une fois de plus, la convention de La Haye et d'installer, dans la ville occupée, des tribunaux d'exception. Il a le nombre, il a la force, il est le maître de l'heure. Qui osera protester? On n'a qu'à s'incliner et à obéir. Mais un homme se lève, parle, proteste. Est-ce bien seulement la voix d'un homme? C'est le cri d'une corporation courageuse et indignée, c'est le cri d'un peuple libre, qui ne veut pas mourir et qui ne mourra point, c'est le cri de la liberté elle-même qu'on essaie d'étouffer et qui ne se laissera pas bâillonner. Vainement, la colère du gouverneur prussien se déchaîne-t-elle sur le chef du Barreau bruxellois, vainement Mᵉ Théodor est-il arrêté, incarcéré sans jugement, déporté au fond de l'Allemagne. L'écho de sa protestation s'est répercuté chez toutes les nations civilisées et il résonnera, le long des siècles, dans la conscience de l'humanité.

Le Barreau parisien, lui aussi, s'est élevé sans
effort aux plus hautes cimes de la grandeur morale.
Certes, il ne revendique pas un chapitre d'exception dans la merveilleuse épopée nationale qui se
déroule, depuis plus de deux ans, sous nos yeux
éblouis. A l'appel de la patrie en danger, tous les
Français ont couru à leur poste de combat et,
chaque jour, nous voyons se presser sur le chemin
du devoir et de l'honneur le cortège indéfini des
plus belles vertus populaires. L'Ordre des avocats
ne tolérerait pas qu'on lui réservât, dans un éloge
universellement mérité, une place de faveur ou de
complaisance. Comme les autres, il a payé sa dette
au pays ; comme les autres, suivant la forte parole
d'un de vos maîtres, il s'est mis à l'alignement.
Mais, puisqu'il m'est donné de passer aujourd'hui
devant ses rangs éclaircis par la mort, je le prie de
recevoir ici mon salut.

Le Barreau, Messieurs, est une excellente école
de patriotisme. N'est-il pas l'asile prédestiné de
l'union sacrée ? Toutes classes y sont confondues,
dans l'égalité de la toge ; tous les partis politiques y
sont rapprochés ; les diverses régions de France y
sont représentées ; les confessions religieuses et les
doctrines philosophiques y vivent en paix, à l'abri
du respect général. Fidèle image d'une démocratie

laborieuse et d'une France indivisible, qui se déve-
loppent dans l'harmonie et dans la liberté.

Si j'ajoute que cette vaste société professionnelle, qui n'a jamais connu les divisions meur-
trières, est groupée autour de la Justice, comme
autour d'une même divinité domestique, j'aurai
déjà, sans doute, aperçu quelques-unes des raisons
maîtresses qui entretiennent, dans cette demeure,
l'ardeur inextinguible du sentiment national. Ils
auraient la vue bien courte, ceux qui, dans les im-
pératifs du droit privé, ne découvriraient pas les
principes essentiels du droit public, et qui croiraient
un traité diplomatique moins inviolable qu'un con-
trat notarié. Non! non! Il n'y a pas deux morales,
l'une pour les individus, l'autre pour les gouverne-
ments et les peuples. Vous qui servez la justice,
vous avez retenu son enseignement éternel. Elle
vous apprend à haïr et à mépriser partout le crime
et le parjure.

Mais combien de motifs plus intimes n'avez-vous
pas de vous dévouer au pays! A l'ombre d'une
vieille institution qui plonge ses racines dans le
passé, ne peuvent germer que de saines idées françaises. Lorsque l'Ordre médite sur ses règles professionnelles, il en retrouve les origines jusque dans
les Établissements de saint Louis; il se voit mêlé à

toute la vie des Parlements; il relève son empreinte à chaque page des annales du Tiers-État; ses archives sont pleines de grands souvenirs nationaux. Une aussi riche hérédité lui fournit une défense naturelle, qui protège en lui, contre tous les sophismes, la permanence des traditions patriotiques.

Michelet parle quelque part de cette sève d'esprit bourgeois, qui se forma jadis de bonne humeur gauloise et d'amertume parlementaire, entre le parvis Notre-Dame et les degrés de la Sainte-Chapelle. Plus généreuse et plus forte encore qu'il ne l'a cru est la sève humaine, que les siècles ont fait sortir ici du vieux sol parisien. A l'intérieur comme aux entours du palais, vous foulez à chaque pas les vestiges de l'histoire et, dans cette île que vous fréquentez tous les jours et qui a été le berceau de la France, comment votre imagination ne reverrait-elle pas sans cesse le sourire de la patrie naissante? C'est tout près de nous, à la pointe occidentale de la Cité, que, sur les ruines de l'antique forteresse romaine, s'est dressé le premier palais des princes capétiens. C'est ici que, pendant de longues années, vécurent, sous le même toit, la magistrature et la royauté; c'est à deux pas que se firent autrefois, sous la double voûte en ogive de l'ancienne grand'-salle, devant la fameuse table de marbre, les récep-

tions solennelles des ambassadeurs étrangers et, au
lendemain des guerres, la publication des traités
de paix. C'est dans la Chambre dorée du Parlement
que se tinrent tant de lits de justice et que furent
enregistrés tant d'édits et d'ordonnances. C'est sur
la place Dauphine, alors appelée place de Thionville
— en l'honneur d'une ville française que nous ren-
dra le sang de nos soldats — c'est sur la place
Dauphine que la Révolution recueillit, pour lutter
contre l'Europe coalisée, tant d'enrôlements volon-
taires. C'est dans le sombre décor de la Concierge-
rie que tant de drames furent montés par la main
de la Terreur. Il n'est point, en ce lieu vénérable,
un seul pied carré de terre qui n'ait été le théâtre
d'événements historiques. Le temps a laissé partout,
derrière lui, une traînée lumineuse. Chaque âge de la
nation s'est, un instant, arrêté entre les deux bras de
la Seine pour y contempler l'œuvre des générations
précédentes, et y élever, à son tour, un monument
nouveau. Nulle part, la chaîne qui relie le présent
au passé, et que nous voulons jeter intacte à l'avenir,
n'a une continuité plus apparente, ni des anneaux
plus solides. A ceux qui douteraient de la France, il
faudrait conseiller de venir prendre parmi vous des
leçons de fidélité, de confiance et d'énergie.

Depuis le début de la guerre, Messieurs, vous

n'avez tous eu qu'une pensée : rassembler vos forces pour aider à la défense du pays. Pendant que les anciens se distribuaient les dossiers d'assistance et se partageaient la charge des consultations gratuites, la jeunesse dépouillait la robe et ceignait l'épée. Avec quelle envie les aînés les ont-ils vus partir, tous ces confrères, favorisés par l'âge, qui ont la fierté de pouvoir offrir leur vie à la patrie menacée ! Dans le péril commun, quoi de plus pénible que l'impuissance et l'inaction? Vous qui êtes restés, consolez-vous cependant. Ceux qui ne sont point appelés aux armées ont eux-mêmes, s'ils le veulent, une grande tâche à remplir. Tâche de bienfaisance et de charité, d'abord ; mais aussi d'éducation et de propagande patriotique. Ils seront des professeurs de sang-froid et de fermeté. Par la parole et par la plume, ils soutiendront et stimuleront l'esprit public. A eux de dépister et de démasquer ces calomnies allemandes qui se glissent le soir, sous des traits hypocrites, dans l'ombre des rues ; à eux de prendre au collet les semeurs de découragement et les marchands de fausses nouvelles ; à eux de leur répéter, comme Démosthène à Eschine : « Celui qui trouve son profit du même côté que l'ennemi, celui-là ne saurait aimer sa patrie. Si l'étranger remporte un avantage, on ne me voit pas superbe et triomphant paraître sur l'Agora, serrer les mains, raconter partout l'événement avec une joie mauvaise. Si c'est à nous qu'un succès arrive, je ne vais pas baissant les yeux, tremblant et gémissant, comme ces hommes dénaturés qui détestent la gloire de leur pays et oublient qu'elle est la leur. » Ah ! ces pessimistes, Messieurs, qu'ils seraient mal accueillis parmi vous !

Et, tandis que ceux d'entre vous qui ne peuvent porter les armes sont occupés ainsi, tout ensemble, à soulager la misère et à maintenir le moral du pays ; tandis que d'autres prêtent à la justice militaire un concours bénévole ; tandis que, dans les hôpitaux, les mères et les femmes veillent sur les blessés, les plus jeunes membres de l'Ordre, inscrits et stagiaires, donnent sans compter leur dévouement, leurs fatigues, leur sang à la patrie.

Cette liste funèbre, dont nous avons tout à l'heure écouté la lecture dans un silence religieux, et qui, hélas ! reste ouverte à l'inconnu de demain, qui la pourrait parcourir sans douleur et sans admiration ? A moi comme à vous, mon cher Bâtonnier, que de souvenirs ne rappelle-t-elle point ! Visages familiers à jamais disparus, espérances fauchées, amitiés brisées, foyers éteints, talents anéantis, tout ce désastre est là devant nous, et il est irréparable, et il nous remplit à la fois d'affliction et d'orgueil.

Nous les avons connus, nous les avons eus pour compagnons et pour amis, ces braves qui sont tombés là-bas et qui sont restés ensevelis, auprès de leurs frères d'armes, dans la terre qu'ils ont défendue. Parmi eux j'en retrouve qui appartenaient naguère aux colonnes que je présidais, j'en retrouve même qui ont été mes plus fidèles collaborateurs. Tel, ce charmant Jacques Sabatier qui, à la veille du jour où j'ai dû m'éloigner de vous, était encore auprès de moi, l'une des fleurs les plus vives et les plus brillantes de ces gais parterres de printemps que la jeunesse du Palais aimait à composer autour des anciens, et que la guerre aura si tristement saccagés. Je le revois dans mon cabinet, préparant des notes de plaidoirie qui révélaient un esprit clair, méthodique et réfléchi; je le revois à la barre, déjà maître de son métier; et je relis cette citation qui le dépeint trois ans plus tard : « Officier d'une valeur et d'une modestie rares, possédant de belles qualités morales et militaires. Blessé une première fois, n'a pas voulu être évacué et a conservé le commandement de sa compagnie. N'a cessé d'être pour ses hommes un exemple d'énergie. A été mortellement blessé à son poste de commandement. »

Excusez-moi, Messieurs, si, parmi les confrères que l'Ordre a perdus, et dans la longue liste des belles citations dont il s'honore, je n'ai pu me défendre d'extraire un nom qui m'est particulièrement cher. La noble conduite de Jacques Sabatier est celle de tous les amis que nous pleurons et les lignes que je viens de rappeler se reproduisent, à quelques nuances près, dans les autres médaillons que l'armée reconnaissante a consacrés à nos morts, comme aussi dans les citations obtenues par ceux qu'a épargnés le sort des combats. Ce sont partout les mêmes constatations, c'est partout le même hommage : « Est tombé mortellement atteint en entraînant ses hommes au delà des lignes allemandes... Atteint de deux blessures a refusé de quitter son poste et est resté à la tête de ses hommes... Cerné au cours d'une attaque, a fait preuve d'initiative, de courage et de sang-froid, en parvenant à dégager ses hommes... Malgré des blessures, dont l'une très douloureuse, a refusé de se laisser évacuer et s'est mis de lui-même à la tête de deux contre-attaques successives... A su inspirer à sa compagnie un entrain et un esprit de sacrifice complet par son exemple et son activité ; a été tué en entraînant une de ses sections à l'attaque... A conduit vigoureusement sa section à l'assaut, franchissant d'un seul élan trois lignes de tranchées ennemies... S'est mis spontanément à la tête de quelques chasseurs privés

de chef pour marcher en plein jour à l'attaque d'une
tranchée qu'il savait très fortement occupée... Est
tombé glorieusement en pénétrant, à la tête de sa
troupe électrisée, dans l'entonnoir causé par l'ex-
plosion d'une mine allemande... » Voilà les plus
modestes, les plus simples, les moins exceptionnelles
de ces citations innombrables. S'il était vrai que la
renommée fût, comme l'a prétendu Richelieu, le
seul paiement des grandes âmes, ces brefs et sobres
éloges seraient un pauvre salaire pour tant de grandeur et d'héroïque simplicité. Mais cent fois plus
hautes et plus généreuses que les âmes en mal de
renommée sont celles qui ne quêtent aucune récompense et qui se sentent pleinement satisfaites par la
joie sereine du devoir accompli. Seule vraie noblesse,
seule ambition qui ait jamais sollicité le cœur de tant
des nôtres tombés sur les champs de bataille.

Laissons donc les noms. Ces vaillants sont légion,
Vivants ou morts, ce sont tous autant de Cléments
et de Sabatiers. Mais comment n'être pas frappé de
cette louange identique qui revient, sous des formes
diverses, dans la plupart des citations et qui met en
relief les mêmes qualités de commandement, d'entrain, d'autorité et d'ascendant sur les hommes?
Chefs de section, commandants de compagnie, officiers supérieurs, voilà tous ces orateurs d'hier subi-

tement transformés en guerriers accomplis. Ils sont plus que jamais dans la tradition de la France : *Pleraque Gallia duas res industriosissime persequitur, virtutem bellicam et argute loqui.* Ils vivent désormais au milieu de la troupe, ils la comprennent, ils l'aiment, ils l'entraînent, ils la dirigent, ils sont devenus, en un mot, de vrais conducteurs d'hommes. Prestige séculaire de l'officier français! Il ne forme pas une caste comme l'officier prussien : il est le chef de ses soldats, il est aussi leur protecteur, leur conseiller, leur camarade, et la discipline trouve, dans l'exemple qu'il leur donne et dans la confiance qu'il leur inspire, un supplément de force et de vertu. Quelle fortune, pour une nation, de posséder, aux heures graves, de telles réserves d'intelligence et de valeur morale !

Vous pouvez être fiers, Messieurs, de les avoir formées. Puisse le sentiment des grands services qu'elles rendent à la France adoucir vos regrets et alléger la douleur de tant de familles visitées, souvent plusieurs fois, par la mort! Barreau, magistrature, avocats aux Conseils, compagnies judiciaires, tout le Palais a été cruellement éprouvé par la guerre. Il a droit, dès maintenant, à une part de la reconnaissance nationale, et lorsque viendra le moment où le pays recueillera le fruit des lourds sacrifices qu'il subit et qui n'altèrent pas sa patience, vous aurez l'inappréciable honneur d'avoir hâté, par le don de vous-même, la victoire et la délivrance. Ce jour-là, sans oublier nos morts, nous nous retrouverons pour fêter ensemble, sous des voiles de deuil, le triomphe de la France et la défaite de ses ennemis. Nous verrons, sur les robes noires, briller des rubans rouges et des croix de guerre. Et nous nous répéterons : « Si notre patrie a, d'accord avec ses alliés, abattu des adversaires puissants et redoutables, si elle a rendu au monde la paix que l'impérialisme allemand lui avait ravie, si elle s'est assuré, au prix de pertes sanglantes, un avenir calme de travail et de prospérité, si elle a grandi devant l'univers, si elle a rétabli partout son vieux renom de bravoure chevaleresque, si elle y a ajouté une jeune réputation d'endurance, de froide énergie et d'inlassable ténacité, si elle apparaît désormais, dans le chœur des nations, entourée d'un nouveau nimbe de gloire, c'est à chacun de ceux qui se sont battus pour elle que nous devons le miracle de cette apothéose. » Et, en ouvrant nos bras aux survivants, nous conserverons une pensée très douce à ceux qui ne seront plus.

FIN

PARIS

TYPOGRAPHIE PLON-NOURRIT et Cie

8, RUE GARANCIÈRE — 6^e